Henriette Wich

Heute gehe ich auf den Ponyhof

Mit Bildern von Anne Ebert

ellermann im Dressler Verlag GmbH · Hamburg

Tante Veras Ponyhof

Heute geht Sofie zu Tante Vera. Ihre Tante hat einen Ponyhof gleich neben dem Haus von Sofie. Heute will Tante Vera ihr alles zeigen.

»Hallo, Tante Vera!«, ruft Sofie.

»Hallo, Sofie«, sagt Tante Vera.

Zuerst gehen sie zu den Ställen. Tante Vera zeigt Sofie die Boxen für die Ponys. Jedes hat seine eigene Box, aber in keiner steht ein Pony.

»Wo sind denn die Ponys?«, fragt Sofie.

»Draußen auf der Weide«, antwortet Tante Vera. »Ponys sind am liebsten an der frischen Luft.«

»Genau wie ich«, sagt Sofie.

Dann sehen sie sich die Sattelkammer an. Darin hängen viele Sättel und jede Menge Zaumzeug.

Von dort gehen sie weiter zum Heuboden.

»Hier trocknen wir Heu und Stroh für die Ponys«, erklärt Tante Vera. Da streicht eine Katze um Sofies Beine. Sofie krault sie hinter dem Ohr. Tante Vera lächelt. »Mucki mag dich. Wir haben viele Katzen und auch ein paar Kaninchen.«

»Toll!«, freut sich Sofie.

Mucki läuft nach draußen, und Sofie läuft ihr nach. Hinter dem Heuboden kommt sie auf einen kleinen Platz. An der Wand gibt es eine Stange mit Haken dran.

»Wozu ist die Stange da?«, fragt Sofie.

»Das Ganze hier ist unser Putzplatz«, sagt Tante Vera. »Und an der Stange binden wir die Ponys an.«

»Und nach dem Putzen geht es zum Reiten«, sagt Sofie.

Tante Vera nickt. »Da drüben sind der Reitplatz und die Reithalle, und daneben ist der Voltigierplatz. Dort lasse ich die Ponys im Kreis laufen, während die Kinder darauf sitzen oder turnen. Schau, da kommen die Kinder mit ihren Ponys von der Weide! Und ein Pferd ist auch dabei.«

»Was ist der Unterschied zwischen Ponys und Pferden?«, will Sofie wissen.

»Pferde, die kleiner als ein Meter achtundvierzig sind, nennt man Ponys«, sagt Tante Vera.

Das Pferd wirft seinen Kopf herum. Es ist ganz schön riesig.

»Ich mag Ponys lieber!«, sagt Sofie.

So viele Ponys!

Der Putzplatz ist jetzt voller Ponys.

»Gibt es bei Ponys auch Männchen und Weibchen?«, fragt Sofie.

»Klar«, antwortet Tante Vera. »Die männlichen Ponys heißen Hengste und die weiblichen Stuten.«

Sofie guckt sich die Ponys genauer an. Jedes Pony hat eine andere Fellfarbe. Ein Pony ist schneeweiß.

»Das ist ein Schimmel«, weiß Sofie. Dann zeigt sie auf ein dickes, schwarzes Pony. »Und was ist das?«

»Ein Rappe, oder genauer gesagt, eine Rappstute«, erklärt Tante Vera. »Sie heißt Britta und wird bald ein Fohlen bekommen. Frido, der rotbraune Hengst daneben, ist ein Fuchs. Das kleine gefleckte Pony dort drüben ist ein Schecke. Und unser einziges Pferd, die dunkelbraune Stute mit dem schwarzen Schweif und der schwarzen Mähne, ist ein Brauner.«

Der Schecke kommt näher und schnuppert
an Sofies Hand. Das kitzelt!

»Wie heißt du denn?«, fragt Sofie.

»Das ist Tom«, antwortet Tante Vera für ihn. »Tom ist auch fünf, wie du, Sofie. Er ist ein Shetlandpony. Shetlandponys sind zwar klein, aber trotzdem sehr kräftig, klug und neugierig. Es gibt nämlich nicht nur verschiedene Fellfarben, sondern auch verschiedene Ponyrassen.«

Sofie ist auch neugierig. »Und welche Rassen gibt es noch?«

»Zum Beispiel das Deutsche Reitpony«, sagt Tante Vera. »Lisa, unser Schimmel, ist ein Deutsches Reitpony. Diese Tiere können ganz lange laufen, ohne müde zu werden.«

Sofie hat ein braunes Pony entdeckt. Es ist genauso kräftig wie Tom, aber größer. »Und was ist das für eine Rasse?«, fragt Sofie.

»Das ist Mäxchen, unser Islandpony«, sagt Tante Vera. »Islandponys fühlen sich auch bei Regen und Kälte wohl, und sie können schwere Lasten tragen. Ist Mäxchen nicht schön?«

»Na ja«, meint Sofie. »Tom ist schöner!«

Was Ponys alles können

Tante Vera macht Toms Strick an der Stange auf dem Putzplatz fest. Die anderen Kinder machen es ihr nach.

Da kommt ein junger Mann dazu. »Hallo, Kinder! Ich bin Manfred, der Pferdepfleger. Bevor ihr mit dem Putzen anfangt, erkläre ich euch die einzelnen Körperteile eines Ponys.«

Sofie zeigt auf Toms Wuschelkopf. »Das ist die Mähne.«

»Richtig«, sagt Manfred.

Tom schnaubt.

»Und große Nasenlöcher hat er!«, sagt Sofie.

»Das sind die Nüstern«, antwortet Manfred. Dann legt er seine Hand auf das Ende von Toms Hals. »Seht ihr den kleinen Höcker dort? Das ist der Widerrist. Hier misst man vom Boden aus, wie groß ein Pony ist. Diese Größe nennt man Stockmaß.«

Jetzt klopft Manfred Tom hinten auf den Rücken. »Das ist die Kruppe. Und die Füße heißen beim Pony Hufe. Die Hufe sind übrigens wie unsere

Fingernägel aus Horn, nur viel dicker. Ponys können sehr schnell laufen. Wisst ihr, was sie noch besonders gut können?«

»Hören«, sagt Evi.

Manfred nickt. »Ponys können ihre Ohren einzeln bewegen und fast ein Mal rundherum drehen. Mit den Ohren zeigen sie auch, wie es ihnen gerade geht: Richtet ein Pony die Ohren nach vorne, ist es wachsam und neugierig.«

Tom schnuppert wieder an Sofies Hand.

»Können Ponys auch gut riechen?«, fragt Sofie.

»Sogar viel besser als wir Menschen«, schaltet sich Tante Vera ein. »Ponys merken sich ganz viele Gerüche.«

Leon hebt die Hand. »Und was ist mit den Augen?«

»Die liegen seitlich am Kopf«, erklärt Manfred. »Deshalb können Ponys fast rundum gucken. Richtig scharf sehen sie aber nur nach vorne.«

Manfred hält Tom eine Bürste hin. Sofort befühlt Tom sie mit seinen Lippen.

»Ponys haben feine Tasthaare am Maul«, sagt Manfred. »Damit erforschen sie ihre Umgebung.«

»Darf ich jetzt beim Putzen helfen?«, fragt Sofie.

»Gern«, sagt Manfred.

Putzen macht Spaß

Manfred geht mit den Kindern in den Stall zu einem Schrank mit vielen Fächern. In jedem Fach ist ein Kasten mit Bürsten und anderen Putzsachen.

»Hat jedes Pony seinen eigenen Putzkasten?«, fragt Sofie.

»Natürlich«, sagt Manfred. »Du hast ja auch deine eigene Zahnbürste.«

Sofie findet Toms Putzkasten sofort. Es klebt ein Foto von Tom drauf, und sein Name steht darunter. Sofie trägt Toms Putzkasten zum Putzplatz.

Manfred holt eine harte Bürste aus dem Kasten und bearbeitet damit Toms Fell vom Hals bis zur Kruppe.

»Was ist das für eine Bürste?«, fragt Sofie.

»Das ist ein Gummistriegel«, sagt Manfred. »Damit lockere ich das Fell auf und entferne den groben Schmutz.«

Danach nimmt Manfred eine Bürste mit weichen Borsten. »Jetzt reibe ich mit der Kardätsche Haare und Staub aus dem Fell.«

»Darf ich auch mal?«, fragt Sofie.

Manfred gibt ihr die Kardätsche. Vorsichtig bürstet Sofie Toms Fell. Tom hält dabei ganz still.

»Sehr gut!«, lobt Manfred sie.

Tante Vera gibt Manfred eine Bürste mit dicken Borsten.

»Das ist die Wurzelbürste«, sagt Manfred. »Damit entwirre ich Schweif und Mähne.«

»Brauchst du den Kamm auch noch?«, fragt Sofie.

»Ja, danke«, sagt Manfred. »Wie beim Fell muss man auch Schweif und
Mähne nachbürsten.«

Sofie darf wieder helfen.

Danach fragt Manfred die Kinder: »Und was fehlt jetzt noch?«

»Die Hufe!«, ruft Evi.

»Genau«, sagt Manfred. »Mit dem Hufkratzer hole ich Steinchen und
Dreck aus Toms Hufen heraus.«

Er beugt sich zu Toms rechtem Vorderbein hinunter. Tom weiß schon,
was kommt, und hebt sein Bein ganz von alleine hoch.

Und dann ist es so weit: Tom ist fertig geputzt. Sein Fell glänzt in der
Sonne.

»Jetzt bist du noch schöner«, sagt Sofie.

Her mit dem Sattel!

Alle Ponys sind gestriegelt und geputzt.

»Reiten die Kinder jetzt?«, fragt Sofie.

»Gleich«, sagt Tante Vera. »Aber erst müssen wir die Ponys satteln und aufzäumen.«

Sie gehen alle zusammen in die Sattelkammer. Tante Vera holt Toms Sattel, eine Decke und das Zaumzeug.

»Wozu braucht Tom eine Decke?«, fragt Sofie. »Heute ist es doch warm.«

Tante Vera lacht. »Die Satteldecke ist dafür da, dass der Sattel Tom nicht drückt.«

»Ach so«, sagt Sofie.

Zurück auf dem Putzplatz, legt Tante Vera die Satteldecke auf Toms Rücken. Darüber kommt der Sattel. Am Sattel hängt noch etwas herunter.

»Wofür ist das alles?«, fragt Sofie.

»Das eine sind die Steigbügel«, erklärt Tante Vera. »Da schiebt der Reiter seine Füße rein. Und das andere ist der Sattelgurt. Der sorgt dafür, dass der Sattel beim Reiten nicht verrutscht.«

Tante Vera zieht den Sattelgurt unter Toms Bauch durch und macht ihn fest. Dann greift sie zum Zaumzeug.

»Warum braucht man eigentlich Zaumzeug?«, will Sofie wissen.

»Über das Zaumzeug lenkt der Reiter

sein Pony«, antwortet Tante Vera. »Die Zügel
bewegen dabei das Mundstück, die Trense.
Schau, das Metallstück hier ist die Trense.«
Tante Vera schiebt Tom die Trense ins Maul.
Danach streift sie ihm das Kopfstück über die
Ohren.

Die anderen Kinder haben ihre Ponys auch
schon fertig gesattelt und aufgezäumt. Leon
nimmt Tom. Alle gehen mit den Ponys hinüber
zum Reitplatz. Dort wartet Reitlehrer Jan auf sie.
»Darf ich auch reiten?«, fragt Sofie.
Tante Vera schüttelt den Kopf. »Dafür bist du
noch zu klein. Aber komm doch mit zum Voltigierplatz. Ich gebe Evi eine Voltigierstunde.«
»Au ja!«, sagt Sofie.

Fast wie im Zirkus

Tante Vera macht den Schimmel Lisa zum Voltigieren fertig. Sie steckt
eine lange Leine, die Longe, in den Trensenring und bindet Lisa einen
Gurt um. Dann holt sie noch eine Peitsche.

»Wozu brauchst du das alles?«, fragt Sofie.

»Mit der Longe und der Peitsche werde ich Lisa lenken und ihr Tempo
bestimmen«, erklärt Tante Vera. »Und an den Handgriffen am Volti-
giergurt hält Evi sich fest.«

Sofie geht mit Tante Vera, Lisa und Evi zum Voltigierplatz. Das ist
ein runder Platz mit weichem Sandboden. Tante Vera stellt sich in
die Mitte und schnalzt mit der Peitsche. Und schon setzt sich Lisa in

Bewegung. Langsam läuft sie an der Longe im Kreis herum. Evi läuft
mit Lisa mit. Plötzlich springt sie kräftig ab und schwingt sich auf ihren
Rücken. Dann schiebt sie ihre Füße in die Fußschlaufen.
Tante Vera schnalzt noch mal mit der Peitsche. Lisa wird schneller. Da
ruft Tante Vera: »Evi, knie dich hin!«
Evi nimmt ihre Füße aus den Fußschlaufen und kniet sich auf Lisas
Rücken. Dabei streckt sie die Arme nach beiden Seiten aus.
»Bravo!«, ruft Sofie. »Und was kannst du noch?«
»Eine Schere«, sagt Evi. Sie legt den Kopf auf den Ponyrücken und
streckt die Beine nach oben und weit auseinander.
Sofie klatscht begeistert. Das ist ja wie im Zirkus.
»Willst du auch mal auf Lisa sitzen?«,
fragt Tante Vera.
»Oh ja!«, sagt Sofie.
Tante Vera hebt Sofie hoch und setzt
sie vor Evi. Evi schlingt die Arme
um Sofie und hält sie fest. Dann
kehrt Tante Vera zurück in die Mitte
und lässt Lisa ganz langsam im Kreis
gehen.
Sofie kichert. Das wackelt und
schaukelt – wie bei einem Karussell!
»Gefällt es dir?«, fragt Tante Vera.
»Und wie!«, ruft Sofie.

Spring, Tom!

Am nächsten Tag geht Sofie wieder zum Ponyhof. Die
Kinder dort haben gerade Reitstunde auf dem Reitplatz.
»Schee-ritt!«, ruft Jan, der Reitlehrer.
Die Ponys setzen gemächlich ein Bein vor das andere. Tom, auf dem
Leon sitzt, führt die anderen Ponys an.
»Tee-rab!«, befiehlt Jan.
Sofort wird Tom schneller. Die anderen Ponys machen es ihm nach.
Da ruft Jan: »Gaa-lopp!«
Und schon galoppiert Tom los. Immer wieder sind alle seine vier Beine
kurz in der Luft. Tante Vera kommt herüber und stellt sich neben Sofie.
»Was heißt Schee-ritt, Tee-rab und Gaa-lopp?«, fragt Sofie.
»Richtig heißt es eigentlich Schritt, Trab und Galopp«, erklärt Tante
Vera. »Aber Ponys verstehen kurze Wörter nicht so gut. Schritt, Trab
und Galopp sind die drei Gangarten von Ponys und Pferden.«
»Sind Ponys so schnell wie ein Auto?«, hakt Sofie nach.
Tante Vera nickt. »Ja, im Galopp erreichen sie schon mal 80 Stunden-
kilometer. Und im Trab können sie mit einem Radfahrer mithalten.«
Inzwischen gehen die Ponys wieder im Schritt. Da baut Jan ein
niedriges Hindernis auf. »Los, Leon!«, ruft er.
Leon und Tom nehmen Anlauf, und Tom springt hoch über die Stange.
Beinahe wäre Leon aus dem Sattel gefallen.
»Tut das eigentlich weh, wenn man vom Pony fällt?«, will Sofie wissen.
Tante Vera lächelt. »Meistens nicht, du landest ja im weichen Sand.

Aber damit du dir den Kopf nicht verletzt, musst du immer eine Reitkappe tragen.«

»Was braucht man noch zum Reiten?«, fragt Sofie.

»Reithosen und Stiefel«, antwortet Tante Vera.

»Doch die sind nicht so wichtig wie die Reitkappe.«

Sofie guckt den Reitern mit großen Augen zu. »Ich will auch endlich reiten lernen.«

»Ein Jahr musst du noch warten«, tröstet Tante Vera. »Dann kannst du mit dem Voltigieren anfangen.«

»Aber zusehen und helfen darf ich zum Glück jetzt schon!«, sagt Sofie.

Ganz schön lecker

Nach dem Reiten führen die Kinder die Ponys zu den Ställen. Dort bekommen sie ihr Futter. Natürlich darf Sofie beim Füttern mithelfen.
Manfred gibt ihr eine Schaufel Hafer und eine Handvoll Müslimix. Das streut Sofie in Toms Raufe.
Sofort stürzt sich Tom darauf.
»Wie oft kriegen Ponys was zu fressen?«, fragt Sofie.
»Unsere Ponys kriegen drei Mal am Tag Extrafutter«, sagt Manfred. »Und auf der Weide fressen sie den ganzen Tag über Gras. Ponys haben nämlich einen kleinen Magen. Deshalb können sie nur wenig auf einmal fressen und brauchen viele kleine Mahlzeiten.«
»Und was fressen Ponys sonst noch so?«, fragt Sofie.
Manfred zählt auf: »Im Sommer vor allem Gras und im Winter Heu und Möhren. Besonders gern mögen Ponys Äpfel, Karotten, Rote Beete und altes Brot. Außerdem müssen Ponys ganz viel trinken: jeden Tag 25 bis 50 Liter Wasser, je nachdem, wie heiß es ist und wie hart sie arbeiten.«

»So viel!«, staunt Sofie. Dann holt sie aus ihrer Hosen-
tasche ein Stück Zucker. »Darf ich das Tom geben?«
Tante Vera schüttelt den Kopf. »Zucker ist ganz
schlecht für seine Zähne.«

»Und was ist noch schlecht für ihn?«, er-
kundigt sich Sofie.

»Frisches Brot«, sagt Tante Vera. »Und
ein paar giftige Pflanzen dürfen Ponys
und Pferde auf gar keinen Fall fressen:
zum Beispiel Eibe, Tollkirsche und
Eicheln.«

Manfred gibt Sofie eine kleine Karotte.
»Die kannst du Tom geben.«
Sofie hält Tom die Karotte hin.
Er nimmt sie mit seinen weichen,
feuchten Lippen aus ihrer Hand.
Schmatzend frisst er sie auf.
»Guten Appetit!«, sagt Sofie.

Aufregung auf der Weide

Nach dem Fressen dürfen die Ponys auf die Weide. Sobald Tom den Strick los ist, wälzt er sich übermütig im Gras. Sofie steht mit Tante Vera am Weidezaun und guckt ihm zu. Nach einer Weile steht Tom wieder auf und geht zum Wassertrog. Klar, das Reiten und Springen war bestimmt anstrengend. Jetzt hat er Durst.

Plötzlich kommt Frido dazu und will auch trinken. Er legt die Ohren an und zeigt seine Zähne. Und dann jagt er Tom einfach weg!

»Warum ist Frido so gemein zu Tom?«, fragt Sofie empört.

»Frido ist nicht gemein«, sagt Tante Vera. »Er ist der Anführer der Herde und darf deshalb immer als Erster trinken und fressen.«

Das versteht Sofie nicht. »Aber wozu brauchen die Ponys einen Anführer?«

Tante Vera erklärt es genau: »Früher gab es viele wilde Ponys, die frei in der Natur lebten. Wenn es gefährlich wurde, mussten sie ganz schnell fliehen. Deshalb war es ganz wichtig, dass sie einen Anführer, ein

Leittier, hatten. Das Leittier hat aufgepasst und die anderen gewarnt. Außerdem hat es die Herde zu den besten Weide- und Futterplätzen geführt.«

Da hoppelt ein Kaninchen am Wassertrog vorbei. Frido hebt den Kopf und gibt den anderen Ponys ein Zeichen. Sofort galoppieren alle Ponys los – weg von dem Kaninchen.

Sofie kichert. »Das Kaninchen tut den Ponys doch nichts!«

»Stimmt«, sagt Tante Vera. »Aber Ponys und Pferde sind eben immer noch Fluchttiere, auch wenn sie hier auf unserer Weide leben.«

Als die Ponys sich wieder beruhigt haben, kommt Tom an den Weidezaun zu Sofie.

»Toll bist du gelaufen!«, sagt Sofie und streicht ihm über den Kopf.

Heu und Stroh

Am nächsten Tag ist Sofie schon ganz früh auf dem Ponyhof. Tante
Vera kippt eine Schubkarre voller Pferdeäpfel auf den Misthaufen.
Oben auf dem Misthaufen sitzt Mucki. Schnell springt sie herunter und
lässt sich von Sofie streicheln.
»Ich miste gerade den Stall aus«, sagt Tante Vera. »Hilfst du mir bei
Toms Box?«
»Ja«, sagt Sofie.
Der Stall ist leer, weil Tom und die anderen Ponys wieder auf der Weide
sind.
»Wie oft muss man eigentlich einen Ponystall ausmisten?«, fragt Sofie.
»Ein- bis zweimal am Tag«, sagt Tante Vera.
Sofie staunt. »So oft! Du hast aber viel Arbeit.«
»Stimmt«, sagt Tante Vera. »Aber heute hilfst du mir ja, da geht es
sicher schneller.«
Tante Vera gibt Sofie eine Kehrschaufel und einen kleinen Rechen.
»Sammle bitte die Pferdeäpfel ein und wirf sie in die Schubkarre.«
Sofie fängt gleich damit an. Tante Vera trennt inzwischen das saubere
vom schmutzigen Stroh. Dann schaufelt sie das
schmutzige Stroh zu den Pferdeäpfeln in die
Schubkarre.
»Fertig!«, ruft Sofie. »Und was kommt jetzt?«
»Jetzt harke ich das Stroh noch mal mit dem
großen Rechen durch«, antwortet Tante Vera.

»Schau, hier ist immer noch feuchtes und schmutziges Stroh.«
Sofie zeigt auf einen Strohballen an der Wand. »Kriegt Tom auch
frisches Stroh?«
»Natürlich«, sagt Tante Vera. Sie zerteilt den Strohballen und verteilt
mit der Mistgabel das frische Stroh auf dem Boden.
»Kann ich sonst noch was machen?«, fragt Sofie.
»Ja«, sagt Tante Vera. »Leg Tom ein bisschen Heu in die Raufe.«
Sofie ist fertig und sieht sich Toms
saubere Box an. »Tom hat's gut!
Ich muss mein Zimmer immer
selber aufräumen.«

Das Fohlen ist da

Als Sofie das nächste Mal auf den Ponyhof kommt, sieht sie, wie Manfred und ein fremder Mann schnell in den Stall laufen.

»Was ist denn los?«, fragt Sofie ihre Tante.

»Britta bekommt ihr Fohlen«, erzählt Tante Vera. »Der Tierarzt hilft ihr bei der Geburt.«

»Darf ich zugucken?«, fragt Sofie.

»Nein«, sagt Tante Vera. »Britta braucht jetzt Ruhe. Aber wenn das Fohlen da ist, darfst du es natürlich gleich sehen.«

Sofie tigert vor dem Stall auf und ab.

Tante Vera lacht. »Du bist ja wie ein junges Fohlen. Die sind auch so ungeduldig. Kurz nach der Geburt wollen sie schon herumspringen.«

»Und was machen Fohlen sonst noch so?«, fragt Sofie.

»Sie tollen mit ihren Freunden über die Weide. Aber zwischendurch kehren sie immer wieder zu ihrer Mutter zurück, um zu trinken.«

Plötzlich ruft der Tierarzt aus dem Stall: »Das Fohlen ist da!«

Aufgeregt geht Sofie mit Tante Vera hinein.

Das Fohlen ist winzig und pechschwarz wie Lakritze. Sein Fell ist ganz feucht und noch ein bisschen klebrig. Britta schleckt das Fohlen gründlich ab.

»Warum macht Britta das?«, fragt Sofie.

»Sie leckt die letzten Reste der Fruchtblase weg, wo das Fohlen drin war«, erklärt der Tierarzt. »Gleichzeitig massiert sie dadurch ihr Fohlen. So wird ihm schön warm.«

Da steht das Fohlen auf. Seine Beine sind noch ganz wackelig und knicken ein wenig ein. Dann steckt es den Kopf unter den Bauch der Mutter.
»Es sucht das Euter!«, ruft Sofie.
»Ja, genau«, sagt Manfred.
Als das Fohlen das Euter gefunden hat, trinkt es gierig. Alle schauen zu. Im Stall ist es ganz still. Sofie räuspert sich. »Wie soll das Fohlen eigentlich heißen?«
»Wir müssen uns erst einen Namen ausdenken«, sagt Tante Vera.
»Lakritze?«, schlägt Sofie vor.
Tante Vera lächelt. »Ja, das ist ein schöner Name.«

Picknick mit Ponys

Am Sonntag sagt Tante Vera: »Heute machen wir einen Ausflug mit den Ponys, und du darfst mit.«

»Hurra!«, ruft Sofie.

Tante Vera sattelt Tom und legt ihm Halfter und Strick an. Die anderen Kinder satteln auch ihre Ponys.

Manfred steigt ins Auto. »Wir sehen uns später«, sagt er und fährt los.

»Darf ich auf Tom sitzen?«, fragt Sofie.

»Klar«, sagt Tante Vera. Sie hebt Sofie hoch, setzt sie auf Tom und hilft ihr in die Steigbügel. Danach nimmt sie Toms Strick. Und schon läuft Tom los.

Die anderen Ponys laufen Tom hinterher.

Sie reiten über Wiesen und durch den Wald. Dann kommen sie zu einem See. Die Kinder sitzen ab. Tante Vera hebt Sofie von Toms Rücken herunter. Danach nimmt sie dem Pony den Sattel ab. Tom schnaubt und zieht am Strick.

»Was will er denn?«, fragt Sofie.

»Er hat bestimmt Durst«, sagt Tante Vera.

Zu dritt gehen sie zum See. Diesmal darf Sofie Tom am Strick führen. Sobald sie am Wasser sind, senkt Tom seinen Kopf und trinkt.

Als er fertig ist, ruft Manfred: »Es gibt Picknick.«

»Ich will eine Karotte für Tom!«, ruft Sofie und rennt los.